FÂS | G

CW00920971

FÁS | *Growth*

Cnuasach Filíochta
A Collection of Poetry

Scott De Buitléir

MKB Publishing
Baile Átha Cliath

An Chéad Chló 2017

Do mo thuistí, nár stad riamh á mo mholadh,
Do Stephen, don tacaíocht agus don inspioráid araon;
Buíochas ó chroí libh

~

To my parents, who never stopped encouraging me,
To Stephen, for both support and inspiration;
Thank you for everything

Editor's Note

This is Scott De Buitléir's first formalised book of poetry, although he has been writing poetry for many years, since his teens, and has been published in other publications. The poems in this book are not arranged in chronological order, but are a selection of his work, spanning the years 2007 to 2016.

This means that poems like Cruatan na nGael (2008) in which Scott ponders the fate of the Irish who went abroad to find work, and ended up sleeping on the streets, are time-dependent, as he reflects that his generation is lucky, because they will never have to endure such situations. We've included this poem because of the irony of the present situation in Ireland, where homelessness is on the rise (over 7,000 at the time of writing) due to the 'death' of the Celtic Tiger.

Mná Chluain Tarbh, Mná Stepford (and its translation, Clontarf Wives, Stepford Wives) is another of these poems, written in 2007, while the 'Tiger' was alive, and the 'yummy mummies' abounded.

You will find, in this collection, poems of love and loss, happiness and hurt, sadness and gratitude, some a comment on society, some a comment on an individual, including Scott himself.

Scott has also written poetry wherever he has found himself – Dublin, Belfast, Portugal, Nottingham, Manchester – and even one on Annesley Bridge, Fairview in Dublin, a beautiful poem whose title gives no clue to its soft ethereal quality, where Scott is grateful for the sun on his face on a winter's day.

Some of the Irish poems are translated into English, some are not, and this is arbitrary. English versions are just as powerful as the Irish versions, for example Buachaill Bán Solais / Boy of Light, or An Seomra Dorcha / The Darkroom. In each case, either version can be read independently, but benefits from its translation in my opinion.

Overall, this collection surprises, delights, and in some cases may elicit deeper emotions, which you weren't expecting. A treat to be enjoyed over a cup of coffee, Scott's favourite tipple.

~ Marian Butler, Editor

About the Poet

Scott De Buitléir was born in north London in 1988, of Irish parents, and raised in Clontarf, Dublin.

Although he was raised speaking English, he developed a passion for the Irish language from a young age, and became fluent by his teenage years. He studied Modern Irish and Welsh at University College Dublin, where he became involved with Cumann na Scríbhneoirí Úra, or New Irish-language Writers' Society. It was through the college society that he became published in the university's Irish Department publication, Nua-Aois, and the 2008 anthology, Blaiseadh Pinn (Cois Life).

He has read his poetry at several festivals around Ireland, such as the Cúirt Literary Festival in Galway, and the IMRAM Irish-language Literary Festival in Dublin. He writes poetry and short stories, primarily in Irish, but also in English. This is his first collection.

Faoin bhFile

Rugadh Scott De Buitléir i Londain thuaidh i 1988 ag tuismitheoirí Éireannacha, agus tógadh é i gCluain Tarbh i mBaile Átha Cliath.

Cé gur tógadh le Béarla é, bhí suim aige sa Ghaeilge ó bhí sé óg, agus d'éirigh sé líofa nuair a bhí ina dhéagóir. Rinne sé staidéar ar an Nua-Ghaeilge agus ar an mBreatnais ag Coláiste na hOllscoile, Baile Átha Cliath, agus is ann a d'éirigh sé páirteach le Cumann na Scríbhneoirí Úra. Is mar gheall ar an gCumann a bhfoilsíodh a chuid saothair san iris acadúil, Nua-Aois, agus an cnuasach ó 2008, Blaiseadh Pinn (Cois Life).

Tá a chuid filíochta léite aige ag féilte áirithe timpeall na hÉireann, ar nós Cúirt i nGaillimh agus IMRAM i mBaile Átha Cliath. Scríobhann sé filíocht agus gearrscéalta, i nGaeilge go príomha, ach i mBéarla chomh maith. Is é seo an chéad chnuasach dá chuid.

Réamhrá

Chuir mé aithne ar Scott De Buitléir nuair a bhí sé ina dhéagóir. Ón chéad lá ariamh, sheas Scott amach. Léirigh sé spéis agus inniúlacht sa Ghaeilge, san fhocal scríofa agus i gcúrsaí cultúrtha trí chéile. Dár ndóigh, mar mhac léinn Gaeilge agus Breatnais, ní haon ionadh na spéiseanna sin ach bhí léamh eile ag Scott ar an teanga agus ar an litríocht, i gcomhthéacs comhaimseartha, cathrach.

Bhí agus tá sin neamhghnách. Bhí féiniúlacht ar leith ag Scott, mar fhear aerach, cathrach. Cé go raibh meas aige ar thraidisiún liteartha na Gaeilge, mar theanga ársa, a mhaireann ar an gcósta thiar den tír, cheistigh sé na teorainneacha a bhain leis an teanga go minic. Bhíodh a ghort féin á threabhadh aige i gcónaí, beag beann ar a thimpeallacht.

Is léir ón gcnuasach seo go bhfuil amhlaidh á dhéanamh ag Scott, fós. Clúdaíonn an cnuasach seo tuairim is deich mbliana de scríbhneoireacht Scott, a bhealach á dhéanamh aige ó chathair go cathair, ó thír amháin go tír eile, ón tréimhse mar mhac léinn Ollscoile go dtí an saol mar dhuine neamhspleách, fásta. Sa chnuasach seo, pléitear an pholaitíocht, an grá, briseadh croí, deighilt teanga agus go leor, leor eile. Ríomhtar na téamaí seo i gcomhthéacs uirbeach, ó chathair dúcháis Scott, Baile Átha Cliath go Béal Feirste, áit a raibh cónaí air ar feadh seala agus anonn go Nottingham.

Ceistíonn sé a áit mar scríbhneoir óg, a rugadh i Sasana, nach raibh fréamhacha aige i dtobar na Gaeilge, an Ghaeltacht ach sa phríomhchathair. Príomhchathair bhríomhar, mhire, ilchultúrtha, il-eitneach, ilchreidmheach, álainn. Tugann Suaimhneas i Sasana (nó Aimsím Sonas) léargas dúinn ar an bhfaoiseamh a fhaightear as sos a thógáil ón gcathair (i Sasana, an uair seo) 'i bhfad óm' lattes nó wifi in aisce'. Ach, tugtar le fios nach ansin atá a chroí ach sa saol 'uirbeach, útóipeach' a bhfilleann sé air go gairid ina dhiaidh sin.

Tríd an gcnuasach uilig, tá an scríbhneoireacht machnamhach, ionraic agus leochaileach, in amanna. Tá formhór na ndánta pearsanta, inste trí shúile Scott ach tá corrdhán ann a sheasann siar agus a fhéachann go géarchúiseach ar an saol comhaimseartha. Tarraingíonn Scott ar Yeats in 'February, 2016 (A Dubliner's Protest)', nuair a dhéanann sé anailís ar a thír dhúchais mar atá sí in 2016, céad bliain ar aghaidh ó Éirí Amach na Cásca 1916, ó Nottingham, Sasana. Mar a rinne scríbhneoirí Éireannacha roimhe, ó thír i gcéin, nochtann sé a fhearg agus a fhrustrachas le stair choimeádach na hÉireann, faoi smacht na hEaglaise Caitlicí.

Luaitear básanna tragóideacha inseachanta a mhaireann in intinn na n-Éireannach, ina measc; Declan Flynn, a maraíodh in ionsaí hómafóbach i mBaile Átha Cliath, Shane Geoghegan, a maraíodh i gcás bréagaitheanta a bhain le gníomhaíochtaí drongchoirpeachta i Luimneach, agus Savita Halappanavar a cailleadh i nGaillimh i gcúinsí a bhain leis an mbac atá ar ghinmhilleadh in Éirinn. Sníomhann Scott na scéalta pianmhara, chonspóideacha a fhanann i gcuimhne na ndaoine le chéile le snáth biorach liteartha. Fágtar an léitheoir ag cuimhneamh ar a bhfuil bainte amach agus níos tábhachtaí fós, ar na dúshláin atá le sárú ag an tír bheag seo.

Sa chnuasach seo, cruthaíonn Scott spás dó féin agus do dhaoine eile atá cosúil leis, laistigh de chanóin na Gaeilge. Lena pheann ina lámh aige, éiríonn leis an fhilíocht a fháscadh i dtimpeallacht uirbeach, ó pheirspeictíocht an fhir óig. Fágann Fás rian ort, ní beag an éacht é sin.

~ Siún Ní Dhuinn, acadamhaí, scríbhneoir, agus craoltóir, Feabhra 2017

Clár | Contents

14

Nóiméad sa Chaifé

I measc gheornaíl an mhaisín chaife
Agus ceo na cainte im' thimpeall,
Faighim dom féin

Nóiméad suaimhnis
Osna síoraí
Do m'anam beag traochta,
Caillte i lár na dtonnta

Agus níl aon ní uaim
Ná an nóiméad seo,
Le blas beag an chaife
Ar bharr mo theanga
Agus bun mo chroí

Mar a ritear an rás,
Maratón an tsaoil
Ag rith chun ór a ghlacadh

Ach lig dom sult a bhaint
As an soisín seo s'agam anois.

Nottingham, 8 Aibreán 2016

Suaimhneas i Sasana
(nó, Aimsím Sonas)

Aimsím sonas
Idir ghleann agus ghort
Ag siúl in oirthear Shasana.
Suaimhneas a mhothaímse,
É ar fáil 'nseo go flúirseach,
Leis an síol buí ráibe faoi bhláth
I bhfad óm' lattès,
Nó WiFi in aisce,
Táim i gcóngar i gceart dom' chroí
Ar an Domhnach seo Earraigh,
Iolar dár gcosaint tharainn,
Ár dtaispeáint áilleacht na tuaithe.
Ag deireadh na siúlóide,
Ag filleadh ar an sráidbhaile
Cairde nua 's an gáire againn,
Is é an faoiseamh a fuair muid,
Ná tús nua anama,
Réidh arís do shaol uirbeach útóipeach.

Donington-on-Bain, Lincolnshire
17 Aibreán 2016

Scáthán

Seasann muid i lár dánlainne fholaimh
Le scáthán aon-taobhach eadrainn;

Feiceann muid a chéile ó thaobh amháin:
Radharc gan smál
Súile glioscarnacha,
Cuma óg, glic, gasta

Ar an taobh eile a fheictear
Trí cheo nimhneach;
Súile marbha,
Malla, útamálacha
Ag impí beatha agus suimhnis

Ach ní fios dúinn
Cén duine as an mbeirt againn
Atá beo nó i gceo leathmharbh;

An vaimpír ag iarraidh éalú ón bhfuil,
Nó an manach ag iarraidh peaca.

Nottingham, Feabhra 2016

Mirror

We both stand in an empty gallery,
With a one-sided mirror between us;

We observe each other from one side
In plain sight
Eyes shining bright
Sharp and quick
Agile and vibrant.

The other can see a darker side
In a toxic haze;
Eyes deadened
Slow, and fumbling
Craving for life and relief.

And yet, it's hard to tell
Which one of us
Is really in need of saving:

The vampire, fleeing from bloodlust,
Or the monk, seeking to sin.

Nottingham, February 2016

February 2016 (A Dubliner's Protest)

What need you other, more than cents,
Why fumble in the streets and moan?
You value halfwit over wit,
Tick 'none of the above' to groan
and make a powerhouse void of power,
Yet no Plan B have you to claim;
Pro-Active Ireland's dead and gone,
It's now with Parnell, in the grave.

Yet we are now a different kind
To those old names who made us free.
What right have we to claim '16,
When Mother Erin's daughters bleed?
But only out of sight, of course –
Keep the provinces holy, save!
A woman's Ireland was ne'er born,
While Markievicz spins in her grave.

Was it for this our children fled,
With grey steel wings o'er every tide?
For this that citizens' blood was shed,
For this Veronica Guerin died,
And Declan Flynn, Savita too?
Did your grumbling 'venge their souls some way?

An innocent Ireland's dead and gone,
It's with Shane Geoghegan, in the grave.

Yet you could claim freedom again,
Remember heroes as they were,
In their sacrifice and pain,
You'd cry 'Some drag queen's yellow hair
Has maddened every voter's son',
But then, that May, we saw the power
Of what hopes and aspirations made;
So go, take action, hope lose none,
And leave the past within the grave.

Nottingham, 20 February 2016

Phœnix

How odd —
the flames no longer hurt
as the crowd jeers and
heckles, condemnation firm.

Everything now set alight
yet I raise my head to the sky,
praying that the rebirth
will be quicker than the death.

Life, in all its unglory,
ebbs from my almost-corpse
and rises with the smoke
into a peaceful heaven, and

Patiently, there I shall wait
to return youthful joy once more.

Dublin, July 2015

Unleash

A caged eagle is a startling sight –
Graceful, calm,
With eyes sharp and clear,

But loyal obedience is merely
Patience, biding time
To pick open the lock
To open the door
And unleash

That deep-rooted desire
For the taste of flesh
And blood, dripping
From talon and tongue;

Until any prey nearby is found
And appetite satisfied,
The eagle, strong and full
of grace,

Waits, soon to unleash.

Legacy

(For Patrick)

On a Summer's night
As O'Connell Street's traffic
Ebbed and flowed
Like the tide calling the Liffey

I notice you –
Not visible to the naked eye,
But rather from within:
Warm, like the smile and laugh you once had;
Bitter, from pain remembered, then forgiven.

I look to my right, and recall
You walking away past Clery's beating clock
(now stopped)
The last time I saw you on your feet

But at least

We had enough time
To call home your son
So both he and your older sister
Could say goodbye from the Mater bed;

And we knew you knew
That those who loved
And lost you
Were there to see you off.

Tonight, I know not
Why you call to me;
Maybe where I sit
For a moment's rest

Is where you once fell asleep
And dreamt back to working
on London's Waterloo Station,
Now a memento of your life –

And just as well,
For what you made
At home and in England
Is the legacy that moves on in life.

Dublin, 20 June 2015

Mångata

Our song played
As we entered the darkness
Carving our path
Away from the known.

There, we wished
For what lay ahead;
A warm welcome
On a cool night.

As the moon and stars
Lit the way,
We discovered in the Algarve night
Heaven.

Holding me in your arms
As we kiss, the sea
Celebrates with waves,
Washing our well-travelled souls

And there, I knew
What lay ahead,
For the future was as bright
As that autumn night's moon.

Armação de Pêra, Portugal, 7 October 2014

East Belfast Boy

A young boy, dressed
in green and jeans,
on his own
on the swing in the yard;

Hands tight around chains
that keep him here –
Strong, steadfast,
But cold.

A siren screams
He slows down his play,
Stops aiming so high
But looks around at his world;

The murals and colours,
George Best in a jersey,
not unlike his own,
guards from across artificial grass.

The lampposts, like watch towers,
Dormant for the day,
But on high alert at night;

Dogs barking in the distance,
Tense exchanges 'tween the two

And still, the boy swings,
Alone in his world.

Belfast, 28 July 2014

Madman

As the bus crawls
From our suburban dreams
Into urban reality,
A man jumps on;

Comes up to the top deck
Lost in a full-blown sermon
To the unconverted in his mind.

His drink-stained jersey of
Some ice-hockey team makes you wonder
If he's been abroad or, like so many,
Had once aspired to go,
Not to be left behind.

His short hair and wrinkled scalp –
through injury or fault –
Has absorbed something
Other than sense.

The bard of the mad
is lost in his own tale
of chances lost and love forgotten
and preaches a mile a minute;

"There's an offer to rob a bank
twenty million off a bank in Coolock
And God knows it'd be easy,
Sure you know the way out."

So fast, he confesses
To the air and the passengers
That he tried to be good,
And tried to be loyal –
The can in his hand, his self-pity.

"I wouldn't touch your sister
or anythin' like tha'!"
He convinces himself (and maybe us too)
That something once right, was wronged.

After minutes of an endless flow of speech, like a
filibuster of the mind
his words cower down
into a low, vulnerable, threatened growl;
the syllables now only known to himself
as his fellow journeymen
look straight ahead in intimidation
of the madman prophet
in dirty gangsta clothes.

Soon, we reach his destination
And with can and comfort in hand
He passes us again
As some sigh with privileged relief,
That we return to our form of sanity.

But one man, a true blue Dub,
Turns to me and says:

"Jaysus, I thought he was one of them rapper fellas."

Ormeau Park, Belfast

It had been a while since I
Had found such pure tranquility,
Far from the wearying sounds
Of pipe bands and protests
(Although one by the ice-cream men
is a day I won't forget!)

But there, under the trees,
Peace fell within the sunshine
Onto a path made by faery folk,
Untouched by weeds or council's hands.

Alone at last, I released a sigh,
Taking off the shackles
Of my Laganside master.
Here I could not hear his voice
But instead, familiar sounds

Of the birds and the wind;
Where the Naniken gently
Caressed old Guinness land
And stored in its soil
Roots I never knew I put down

But there, under the trees,

The birdsong was familiar;
An Ulster tune to soothe the hiraeth*
And keep me walking back into the light.

*hiraeth: A Welsh word denoting homesickness that one
cannot resolve.

Tailor

The clothes you have made for him
Fit him much better
Than the ones I once made.
You can see that he moves with ease
Up and down the street,
Proud in what he wears.

I gave up long ago,
Realising what I made
Was neither his size nor his taste.
I let him find a tailor
Who would better suit his needs;
Indeed, that was you.

But make no doubt –

I am quite confident
In the skills I have acquired
But the difference is in
Our style, our methods, our tools.

For him to choose you
Is no slight against me
And with that, know

You have no rival in me.

So if I smile, fear not;

It is not in reminiscence
Of the days he'd enter my store
But instead it's in serene content
That he is now fond of the fit.

Dublin, 30 August 2013

Hudaí

Is ag bun mo vardrúis
A luíonn sé;
Hudaí bán, rómhór domsa.

Bán, mar a bhí sé féin;
Bog, mar a bhí sé féin;
Glan, mar a bhí sé féin;
Ach níor oiriúnaigh sé sin mé.

Is ann anois a luíonn sé,
Ar nós go bhfuil sé dearmadta agam,
Ar nós gur fágadh é,
Ar nós nárbh ann ann dom,
Ach rud eile a chaith mé, tráth.

Ach is cuimhin liom fós
An mhaidin a chonaic mé é,
An móimint a mhothaigh mé é
Ar mo chraiceann fuar, neamhghlanta -

Bhíos róbheag 's róshalach dó.

Oíche ar an gCé

Shiúil muid thíos an ché
Go dtí go raibh na tonnta ísle
Beagnach in ann ár gcosa a phógadh,
Ach bhraith muid go fóill iad

San oíche nua bhog in Iúil
A d'fhéach muid ar an bhfarraige chiúin;
Soilse an chalafoirt ag lasadh na dtonnta
Agus an Ghealach ina Grian fhuar bhán.

Ag stánadh ar an áilleacht, ar nós
Go raibh muid ar saoire, thar lear.
Ach bhíomar, don nóiméad sin;
Bhí muid saor, is slán ón lá.

Cluain Tarbh, 12 Iúil 2011

Hóbó

Léimeann fear ar an mbus,
Corp saighdiúra
Craiceann salach
É ag labhairt leis féin.

Cheapas ar dtús (náire m'óige!)
Go raibh cluaisín Bluetooth aige
Mar ba chosúil go raibh comhrá ar siúl

Agus bhí, ar shlí.

Shuí sé síos ar chúl an bhus
ag insint scéil dó féin;

"I've the brains of a policeman,
I've the brains of a gangster,
I've the brains of a fighter,
I've the brains of me father..."

Briseann sé amach ag gáire,
agus déanann a shrón briste
Fuaimeanna ar nós shrón muice.

Ach tosnaíonn sé arís,

Ag caint leis an namhaid lastigh;

"But I'll take any of them,
I'll take any of those lads
At your bird's twenty-first,
I'll give them a long fight,
I'll show them the traveller's way..."

Cuireann a chuid focla
Eagla is míchompórd ar dhaoine eile an bhus,
agus téann roinnt dóibh síos chuig an deic íochtarach

Ach fanaimse i mo chathaoir.
Éistím leis - i ngan fhios dó féin -
Mar tá a chuid cainte dínascaithe
Ar nós filíochta dom.

Teidí

Curtha ar sheilf -
Dearmadtha,
Ach splanc an ama atá thart
Le feiceáil ina shúile go fóill

Agus é i lámha a úinéara
A charad
A chéile
A chosainteora
Anois, a chuid

Lámha sínte amach roimhe
Ag iarraidh barróige -
Teagmhála -
Le héinne a thabharfadh sracfhéachaint dó
Ach an méid atá fágtha aige
Ná smút agus stair.

Sord, 6 Feabhra 2011

Mannequin

It's wearing clothes that you would,
Its physique is just like yours;
Toned, sculpted - perfect.
And indeed, just like you,
It's hollow.

21 April 2010

Rebirth

I slide my head through the water's surface,
To follow my body to total submersion
In liquid life; of love and light
And let my weary eyes rest.

Slow, indeed, but never still,
I hold my breath from my fluid coffin
Yet it reaches in, and bubble by bubble,
It steals from me my trashy air

The sounds remind me of being at sea;
Pummelled by the power of Poseidon's pulse,
Yet that would have kept my body in motion,
So from His kingdom I have shied away.

My body, depleted of finite resources,
Tells me that it's time for more,
No, no more, my mind replies,
This madness has to stop.

My lungs, they scream from deep within,
But not of sound, but of pain's harsh voice
And yet my mind takes this all in;
It rests in the last of moments unkind.

No air, no soul
No hope, no role
No light, no life
No pulse, no strife

And only then do my legs revive
As my body fights to remain alive
My mind wiped clear, my deep wounds healed
My head breaks the water's skin, to body's command:

Breathe!

19 January 2010

Angelus

The nearby Catholic parish church tolls its bell at six;
The Angelus;
A moment of reflection and meditation;

I lie here in my life-bed at home,
Where heartbreaking and love-making
Have both taken place,
With tears, laughter and dreams
soaked into the mattress.

Now, alone, another cycle complete,
Drained of energy by your love,
For one becomes a lover with time,
And a caretaker with age,
But you made me old before my time.

As the bell is tolled, the final strike,
I arise from my bed, and move to the piano
To play for memories and dreams

Without conscious effort, I start to play
'Ag Críost an tSíol' on my right hand,
And silently shed two tears, one for each of us.

Clontarf, Dublin; 27 September 2009

Drochdhís

Thiteas i ngrá le strapaire óg
Ón chéad nóiméad, 's ón chéad phóg,
Ach anois níl agam ach croí atá trom
Mar is cosúil go raibh sé mídhílis dom.

Rinne muid gáire, is rinne muid grá,
Ach anois tá na cuimhní siúd á mo chrá
Mar níl iontu a thuilleadh ach píosaí staire
Agus fiú gan é agam anois mar chara

Ligim uaim é, mar ba chóir,
Ach ba liomsa, áfach, an focal scoir,
Ach ba dheacair dom 'slán' a rá
Nuair a bhíodh dianghrá againne, tráth.

Táim cinnte go mbeidh mé níos fearr gan é,
Agus beidh mé i gceart ag deireadh an lae,
Mar ní raibh sé riamh ina laoch naofa,
Agus níorbh eisean an fear chéile foirfe

Ach dúradh liom; 'beidh tú ceart go leor!
Agus ní fiú smaoineamh faoi, a stór,
Mar tá i bhfad níos fearr tuillte agat;
Duine a fheicfidh an t-aingeal atá ionat.'

Más fíor é sin, éireoidh liom
An té ceart a aimsiú a bheidh i ngrá liom
Gan fhadhb gan rún, go mbeinn sásta arís
Agus dearmad a dhéanamh ar an drochdhís.

14 Samhain 2009

Alcólaí

Ól, ól agus ól níos mó
Go dtí go bhfuil tú go hiomlán blotto
Is nach n-aithníonn tú
Do chairde ó do namhaid.

Ól, ól, go n-osclaítear an doras,
Go ligtear isteach an duine dorcha,
Go gcuirfidh sé dó fhéin in aithne
Do do chairde go léir.

Ól, ól agus ól arís
Go dtí go ndéanann tú na botúin chéanna;
Croí a bhriseadh,
Todhchaí a scriosadh,
Stair do shinsir a h-athdhéanamh.

Ól, ól, ól alcól
Mar táthar ag súil
Le hÉireannach meisciúil eile;
Cén dochar é, más é sin é,
'bheith ina bhall eile den dream?

Mar sin, ól agus ól níos mó,
Go dtí go múchtar solas d'anama,

Go bhfágtar i d'aonar thú
Ód' chlann, do chairde, tú fhéin.

Ná Lig Mé i gCathú

Anois agus mé slán sa bhaile,
An bhfuil sé fós ann;
Á mo chuardú,
Ag breathnú thart,
Dóchasach go n-aimseoidh sé mé?

Ar mhothaigh sé é sin freisin,
Nuair a chroith sé mo lámh
Agus d'fhéach 'steach i mo shúile

Nuair a mhothaíos cineáilín ciontach
Agus mo bhuachaill thuas staighre;
É féin lenár gcairde
Ag comhrá is ag gáire le chéile

Ach mise ag caint leis an strapaire seo,
Á chuir féin in aithne dom;

'An mbeidh tú thuas staighre níos déanaí,'
A fhiafraíonn sé dom,
'An mbuailfidh mé arís leat ann?'

'Cinnte, yeah,' a deirimse leis,
Gan a rá go mbeidh mo bhuachaill liom...

'Iontach, ar fheabhas,' a dheireann sé liom,
'Mar ' sé go deas bualadh leatsa anocht,'
Ach deireann an gáire,
An meangadh mór,
Níos mó ná a chuid focla.

'Agus leatsa,' arsa mé;
Ach tosaím ag casadh
I dtreo na staighre éalaithe

Agus téim ar ais
Chuig an mbuachaill ceart;
An fear lena bhfuil mo chroí.

Is Leatsa Mo Chroí

Is leatsa mo chroí,
Is leatsa m'anam,
A mhairfidh go síoraí
Lenár gcuid grá a leanann
Ar aghaidh gan an t-am
Ná'n spás de dhíth air
Mar bhuail muid le chéile
Fadó insan spéir

Is tusa mo phrionsa
Is tusa mo rí
'S beidh mé dílis duitse
Go dtí go bhfuilim im' luí
Agus cónra im' thimpeall
Is mo chairde faoi bhrón
Go léir insan teampall
Ag déanamh olagóin

Is tusa mo shaighdiúir
Is tusa m'fhear
Is tusa mo Thiarna
Chomh láidir le dair
Chomh huasal le hiarla
Ó na blianta fadó

Tá tusa in ann
Mé a chosaint gan stró

Is tusa mo laoch
Is tusa mo stór
Is tusa an té
Lena bhfuilim go mór
Is go hiomlán i ngrá
Ó do chonaic mé thú
Is mé leatsa anois
Ní rachfainn choíche amú.

Iarracht, Uimh. II

Anois, agus an solas íseal
Agus an ceol á sheinnt go bog
Bainim díom mo chuid éadaí
Agus ligim dóibh titim ar an úrlár.

Luím síos ar an leaba singil seo;
Leaba singil, ionas nach mbeadh spás eadrainn
Fad is atá muid le chéile

Éisteann muid leis an bhfonn atá
Ag teacht ón seinnteoir ceoil,
Agus é mar fhuaimrian an radhairc seo,
Ar nós go mbeadh sé mar phíosa scannáin

Mothaím thú, agus mothaím go láithreach
Faoiseamh – an t-aon focal atá agam dó.
Níl orm é a aistriú ar do shon
Mar mothaíonn tú chomh maith é – ní gá labhairt.

Ní thugaim fé ndeara é go dtí ansin
Go bhfuil an imní, an neamh-mhuinín,
Go léir tite díom le héadaí an lae;
Níl fágtha romhat ach mo chorp glan ionraic.

Anois, agus mé lán-nocht taobh leat,

Agus mé bródúil dár gcuid grá
Tá muinín agam as an tine seo,
Nach n-éireoidh mé dóite

...an uair seo.

Sagart

Ná beannaigh mé.

Ná hinis dom
Faoi do Dhia,
Do leabhar,
Ná do chuid sailm.

Ná hinis dom
Ach fút fhéin
Agus fútsa amháin,

Mar nílim ag iarraidh
Aithne a chur ar Íosa,
Ná Máire
Ná Iósaf

Ach an sagart óg aerach
Ina sheasamh os mo chomhair
A raibh ag iarraidh
Mé a phógadh
Ar oíche Dhéardaoin seo caite....

Beidh tráth ann
Nach dtabharfaidh tú cead

Duit fhéin
Grá a thabhairt d'éinne

Is ní thuigfidh mé go deo é
An chuid sin den gCaitleachas,
Go háirithe agus an grá
Ina ghné daonnachta is naofa
Dá bhfuil ann.

Ach feicim ionatsa
An Spiorad gan Smál,
An Croí Ró-Naofa
A thug Dia an tSaoil duit;

Grá.

Craith Dragwyddol*

Ná hamharc orm –
Tar éis na blianta fada seo,
Tagann tú ar ais
Tar éis athrú,
Fás

Tá tú fós chomh dathúil
Leis an diabhal;
Do ghlór,
Do chorp,
Do chuma.

Ach is cuimhin go maith é
Fós,
Agus muid sna gasóga, deich mbliana d'aois
I láthair campála Larch Hill,
Agus tú ag magadh fúm
Do na leaids eile a bhí id' ghrúpa

Agus mé ar an imeall
Mar a bhíonn fós, ar shlí,
Ach in ainneoin an rian a d'fhág tú orm,
D'éirigh mé i bhfad níos láidre
Ná mar a cheapfá riamh.

*Craith Dragwyddol: Rian Buan (A Permanent Scar)

Capital Gaeilge

A Íosa, a Mháire, conas atá?
Aon craic leatsa, a chroí?

Críost, ní fhaca mé thú le fada!
Tar 'nseo, 'raibh tú ag caint le Bríd inné?
Ar chuala tú céard a tharla?

Chuaigh a fear ar an dól, an bastard bocht,
Chaill sé a phost, an focar –
Dar léithí féin, bhí sé 'g ól ar an jab,
Ach rinne an Polannach an rud céanna an lá roimhe!

Conas 'tá Jack, 'bhfuil sé 'g éirí go maith?
'bhFuil sé i gColáiste Mhuire 'nois?
Is breá leis an Ghaeilge, an ídiot bocht,
Ní fhaighidh sé rud ar bith léi...

Leanfaidh sé 'r aghaidh, is dóigh liom féin
Le bheith ina mhúineoir nó pé rud;
Muna bhfuil Rúisis agat sna laethanta seo,
Tá sé focht gan seans d'aon rud eile.

Coimír luibh, ainí udar niús?
Aidhm gana hafta límh dhe sún,

Mi fealas mí-fhinn mi a do spaidhear ina mó!
Dhe góann clubann tanaigh?

A désas luibh, iúr nó fon a áill.

Dall

Is mór an seans go bhfuilim
Ag titim go hiomlán i ngrá leat
Agus 'sé an t-aon bhealach
'Tá agam chun é sin a thaispeáint
Ná chun pictiúir ola a dhéanamh duit.

Ach tá tú dall, agus tusa
Id' shuí insan gailearaí seo,
Os comhair mo phíosa

Ach, éiríonn tú, agus siúlann tú chuige
Is síneann tú amach do lámh
Is do mhéara chun an pictiúr a mhothú;

Na cnoic is na gleannta ar an gcanbhás,
Na slithe is a ritheann na haibhneacha
Suas is síos eadarthu go léir
Agus leanann do mhéara leo.

Téann tú 'rais, is suíonn tú síos,
D'aghaidh i dtreo an phíosa,
Tógann tú isteach an méid a chonaic do chraiceann
Agus feiceann tú fós an ealaín.

Seans Deiridh

"Is ar éigean go bhfuil sé ar leaba a bháis,"
A dúirt an dochtúir léi,
"Ní féidir mórán a dhéanamh dó
Mar d'imigh a anam ar strae…"

Fuinneamh caillte, gan aon rian fágtha,
N'fheadar cá ndeachaigh sé
Mar ní leis a shaol-sa féin,
Beidh sé marbh roimh dheireadh an lae.

An fear bocht sin, ina aonar sa seomra,
Agus na gaolta ag caint lasmuigh
Ní féidir ach smaoineamh leis féin sa dorchas
Faoin bhfuacht a bheidh ar fáil san uaigh

Aithníonn sé taibhse, ansin ina shuí
Os a chomhair ag deireadh na leapan
"Fuist, a mhic, d'athair anseo,
Beidh tú slán anois is mé leat.

Seans amháin a fhaighidh tú anseo,
Mar is é seo Neamh féin ar Thalamh;
Seans amháin fágtha, chun do dhícheall a dhéanamh
Éirigh leat féin, is bí ullamh"

Tuirseach traochta a bhí an fear óg,
Ach d'éirigh sé as a luí
Is d'fhéach sé amach ar áilleacht a bhaile;
'Tarraing anáil, is bí réidh, a thaiscigh'.

Cruatan na nGael

Ní ar Bhóthairín na Smaointe
A thosnaím ag siúl,
Ach Bóthar na Staire taobh leis
Cuimhním ar dhaoine a chonaic seo romham;
Cuardú fostaíochta i gceist.

Siúlaim ar bhóthar ar a chodail fir mo thíre
Má theip orthu saol a bhunú
Feicim na coirnéil inar luíodh siad
Mothaím go fóill an fuacht a bhí.

Mise, fear óg an Tíogair Cheiltigh
A théann anseo ar saoire,
Tá'n t-ádh dearg liom is lem' chomh-aois
Nach bhfeicfimís an cruatan sin choíche*.

*(*Scríofa roimh an gcúlú eacnamaíochta)*

Manchain, 16 Eanáir 2008

Na Déithe

An féidir bualadh le do ghrá geal roimh ré
Agus fanacht air, lá i ndiaidh lae
Go dtí go bhfuil sibhse beirt réidh
Is bhur saoil a chaitheamh lena chéile?

An bhfuil orainn fanacht, gan aon treoir
Go dtí go mbuailtear clog naofa éigin
A fhógraíonn go bhfuil cead ag ár spioraid
Bualadh lena chéile faoi dheireadh?

Ach cé leis an tsíoraíocht seo,
Is cén fáth nach bhfuil smacht againn uirthi
Nó nach bhfuil smacht againn féin ar ár saoil
ar chor ar bith? (Bhuel deirtear sin.)

Muna bhfuil ann ach turas stiúrtha -
An tréimhse seo ar an domhan,
Is féidir linn 'bheith ann, gan aon rud a dhéanamh,
Gan breathnú ar rud ar bith;

Ní dhéanfainn é sin, mar tugaim faoi ndeara
Nach síoraí an rud é an saol
Is cara (de shórt) leis an Saol é an Bás
'S buailfidh mé leis ar ball

Ach don nóiméad seo anois, glacaim leis
Go bhfuil an t-ádh dearg liom;
Cairde, Grá is Áthas agamsa
Na déithe is áille, dár liom.

Mullach Íde, 3 Eanáir 2008

Deireadh
(I gCuimhne Ár gCaidrimh)

Deireadh leis an scéal
Cinneadh déanta agam,
Ní fheicfidh tú ag teacht romhat é
D'ainneoin na bhfógraí a sheolas chugat.

'I love you so much,' a deireann tú fhéin
Agus déanaimse mo dhícheall é a athrá
Ach éirím tuirseach den teannas s'againne,
Is tá sruthán an ghrá tirim anois.

Cé nach mothaím mórán duit a thuilleadh
Déanaim sár-iarracht ciall a úsáid;
Beagán íoróine, is dóigh, má cheapann tú faoi;
Cúrsaí an chroí i gceist.

Níl fonn orm tú a chailliúint go deo,
Is cuid dem' chuidse thú féin,
Ach ní féidir leanúint ar aghaidh mar atá
Nuair atáim ag éirí cráite lenár gcuid grá.

Im' shuí i léacht fada Gaeilge,
Táim chomh scartha uait is a bhfuilim in ann

Domhan amháin ionam, domhan garbh ionatsa;
Tá níos mó ná difríocht teangan eadrainn.

Saol breá bríomhar, mar is gnáth;
Gáire i gcomhrá na gcarad,
Ach smaoiním fút, is éirím fuar,
Mar b'é seo an seans deireanach.

Fáinní an Ghrá

Bainim mo chuid fáinní díom,
Na cinn a thug tú dom mar bhronntanais;

- I -
An ceann Áiseach, ar dtús.
Ar thaobh amháin de, an focal buan sin;
'Eternity.'

Ba leatsa é an fáinne ar dtús,
Ach thug tú domsa é, agus muid ag éirí gar
Lena chéile. Nach rómánsúil.

Ach is nimhneach an focal sin,
Mallacht de chineál éigin
Agus tú ag magadh fúm;

Dar leatsa, tá intinn agam
A bheadh níos compórdaí i gceann mná;
Nílim cosúil leis an leaid tipiciúil, faraor!

- II -
An dara cheann a bhainim díom
Ná an Cladach.
Siombal an ghrá, de réir dealraimh.

Ina ainneoin fadhbanna,
Taispeánann tú an grá 'tá agat dom
Nuair a bheadh taispeántas de dhíth orm

Déanann tú jóc, agus mise ar buile
Agus chuirfeadh sé gáire orm
I soicind amháin, briseann tú mo chuid feirge

Fiú agus an locht ormsa
Tógann tú mo leithscéal faoi mo bhotún;
Fiú nár thúg mé aon cheann duit.

Anois agus mé lámhnocht,
Is féidir meá a fheiceáil ionann
Idir maitheas agus olc;

Ach an gciallaíonn sé sin
Go bhfuil muid go maith
Le chéile mar lánúin?

Mná Chluain Tarbh, Mná Stepford

Bhuel, ar chuala tú an scannal?
Nár chuala tú an scéal?!
Bhí mí-ádh just uafásach
ag Máire ó Clontarf Square!

D'fhág a fear, chun éalú
Lena mhistress a bhí dlithiúil ar éigean;
Níl ach a h-iníon fágtha aici
Agus jab páirt-aimseartha beag.

Ach féach orainn in ao'chor, darling;
Nach bhfuil an t-ádh dearg linn?
Nach iontach é an saol, sweety,
Nach aoibheann é gach lá?

Tá gach mic againn
Ina imreoir láidir rugbaí;
Tá gach iníon againn
Breá dathúil agus fionn.

Ainmneacha breatha Gaelacha orthu
Cé nach mbeadh focal Gaeilge acu;
Ach cad fiú í an teanga sin
Agus BESS* á dhéanamh ag mo mhac?

Agus muide speed-walking cois farraige,
Dath 'gréine' breá orainnse,
Beidh buidéal fíona báin sa chistin
Agus muid déanta lenár spórt.

*BESS: Business, Economics and Social Studies;
cúrsa ollscoile i gColáiste na Tríonóide, BÁC*

Clontarf Wives, Stepford Wives

Well, did you hear the story?
Did you hear the scandal?
That Mary from Clontarf Square
Had just terrible luck?

Her husband left, to run off
With his barely-legal mistress;
She only has her daughter left
And a little part-time job.

But anyway, look at us, darling;
Aren't we so lucky?
Isn't life wonderful, sweety,
Isn't every day beautiful?

Every one of our sons
Is a strong rugby player;
Each one of our daughters
Beautiful and blonde.

They have lovely Gaelic names
Even if they don't have a word of Irish;
Sure, what use is that language
When my son is doing BESS?!

While we're speed-walking on the sea-front,
a lovely 'tan' on us,
There'll be a bottle of white wine in the kitchen
When we're done with our sport.

23 July 2007

Parasite

Snip. Snip. Snip.
I cut off from myself
The dependent fiends
That kill me slowly

They, for so long
Have eaten away
At what they call
My life force

By this stage
I'm left as nothing
But a shell of my
Former, bright self

I am like a mother
Breastfeeding my unwanted
Bastard children

They do nothing for me,
Give me nothing in return
For my life-milk
Yet I die at each breath…

Abort. Call the doctor.

Dublin, 24 April 2008

Death of the King

He lies in bed, his clan around him,
The druid said that he could do nothing;
He, who was wounded by one of his own
In a battle for the title of High King.

Two women sit closest to his bed,
Along with an allied Brythonic soldier;
Like the Fates, they grieve for his expected departure
And how their efforts fell asunder.

A small blessing, they say, for it seems
That he remembers little of the battle,
For he fought his once most-trusted ally,
In a situation so unnatural.

"The power of the title does corrupt,
So much so that this land will soon be torn apart,"
The druid's voice then drops somewhat;
"Like what betrayal did to this man's heart."

The women, who once professed, now mourn,
As he is taken to the funeral pyre,
The soldier weeps, for few to see,
For 'twas the chief he did admire.

The druid observes the flaming roar,
As he believes the spirit soars,
He laments silently, unlike the women
That he could have had so much more.

Malahide, 18 November 2007

Dá mBeadh...

Dá mbeadh a fhios agat, a chréatúir,
Faoin méid atá ar siúl trí mo cheann
Nó faoi na mothúcháin atá á mbrath agam
Bheadh tuairim difiriúil agat fúm.

Dá mbeadh an aimsir difiriúil, a chroí,
Dá mbuailfaimís le chéile ar shlí difiriúil
Ní bheadh aon fhadhb againnse
'S ní bheadh éinne i bpian.

Níl an locht ar éinne againn;
Sin an tslí a tharla sé
Cé nach raibh sé éasca go leor
Tá súil agam gurb fhiú é.

Abair liom go mbeidh sé togh',
'Gus is é seo deireadh na bhfadhbanna
A bhíonn agamsa im' shaol
Is go mbeidh faoiseamh againn go luath.

23 Iúil 2007

If...

If only you knew, you poor thing,
About the amount that's going on in my head
Or about the emotions that I'm feeling
You'd have a different opinion of me.

If the time had been different, my love,
If we met each other in a different way
We wouldn't have any problem
And no-one would be in pain.

Neither of us are to blame;
That's the way it happened
Even though it wasn't very easy
I hope that it was worth it.

Tell me that it will be fine,
And that this is the end of the problems
That I have in my life
And that we'll soon have peace.

23 July 2007

Ádh

An chéad uair a chonaic mé thú,
Ní raibh ach teagmháil súile ann
Is mé amach le seanchara ded' chuid
Ach níorbh leisean mo chroí

An dara uair a chonaic mé thú
Amach i mBarcode, club oíche m'óige;
Muid ar an dancefloor, teagmháil súile
Ach rud ar bith eile go fóill.

An tríú h-uair a chonaic mé thú
Chuir sé gáire orainn beirt
D'éirigh leat 'haidhe' a rá liom
Is do chara taobh leat (do thacaíocht!)

Chaitheas an oíche sin amach leat
Is chuir muid aithne againn ar a chéile,
Mar bhí níos mó ná dúil eadrainn
Is fanaim anois go dtí'n cheathrú h-uair.

Mullach Íde, 3 Feabhra 2008

Previous Engagement

On a cool November night,
Just off Stephen's Green,
You got down on one knee in front of me
And asked a question I never expected.

A year later, the end had come,
And by then, all that was left was
A loss of hope in our love, yet
A regained self-respect, for
We both know what happened
Behind closed doors.

Half a year later, you can
Still be on my mind from
Time to time, and
The bad times haven't been forgotten

But that November night -
When all was perfect -
Is the best memory of all to me.

Dublin, 12 April 2008

Fuacht na Gréine

Cosúil le saighdiúr, gortaithe ón gcogadh,
B'é teas na gréine an t-aon phíosa faoisimh dom
Go dtí anois, agus é ag éirí fuar;
Cuimhním ar mo chuid péine aríst

Tuirseach, mar fhear bocht aonair
Galar an insomnia air,
Tá fuinneamh íseal go leor ionam
Is mo chuid smaointe trína chéile

Tusa an Ghrian a bhíodh i lár mo spéire, tráth,
Tusa an té a thugadh teas dom
Ach tusa an té a dhóigh mé freisin
Nuair nach rabhas chomh ciallmhar leat fhéin.

Tosaíonn an oíche, gan aon Ghealach anocht,
Agus mé liom fhéin gan aon treoir,
N'fheadar an féidir maireachtáil thar oíche
Go dtí go n-éiríonn tú arís im' spéir

Más féidir leat an miorúilt sin a dhéanamh (aríst)
Níl ann ach ceist amháin eile;
I ndiaidh meanlae, tar éis an tréimhse is fearr,
An bhfaighidh mé bás leis an bhfuacht 'tá le teacht?

Solas na Gealaí

I ndorchas na hoíche,
Is fada an tslí é
Ó gheata an ghairdín
Go tairseach an tí

Is de ghnáth
Níl aon solais ann
Mar níor cheannaíodh riamh é

Ach anocht
Ag beagnach meánoíche
Agus mé ag iarraidh dul abhaile,

Mo thuistí a fheiceáil
Is barróg a thabhairt dóibh
Agus dul a'chodladh,

Caitheann an Ghealach mhór –
Bhán lán-chumhachtach –
Solas ar mo shlí abhaile

Is tá mo bhealach abhaile
Go soiléir arís.

Dé Máirt, 11 Samhain 2008

An Gortú Deireanach

Is aisteach liom conas a bhfuil tú fós
In ann cur isteach orm, agus mo chuid
Mothúchán a mheascadh suas, ionas
Nach bhfuil a fhios agam céard atá á dhéanamh agam.

Táim scartha uait, ach troideann muid fós
Ar nós go bhfuil muid meánaosta, pósta dá chéile;
Íoróin atá ann, má cheapann tú faoi –
Mar bhí tú ag iarraidh mé a phósadh, tráth.

Gortaíonn muid a chéile fós,
Cé go bhfuil saoirse againn óna chéile...
Nó an bhfuil? Níl muid ag roinnt an leapa céanna
Ach is léir nach bhfuil muid críochnaithe.

B'fhéidir nach bhfuil, ach chuir mise stop leis
Agus mise tar éis tú a ghortú arís
Agus mé ag caint faoin ngrá nua s'agamsa;
Níorbh chóir dom é a dhéanamh. Brón.

Is beag an méid a thuig mé fútsa,
Agus seans nach rabhasa chomh soléite sin ach an oiread,
Agus cé go ndearna muid ár ndícheall 'bheith le chéile,
Níor oibrigh sé, ach ar theip an Grá orainn?

Níl 'fhios céard a d'fhoghlaim mé uait,
Is seans maith nár fhoghlaim tú rud ar bith uaimse
Is cinnte nár fhoghlaim tú conas ar oibrigh m'intinn
Ach is dóigh go raibh sé i dteanga eile.

Fós, tá súil agam nár chuir muid ár gcuid ama amú
Mar ba thréimhse fada é beagnach trí bhliain
Go háirithe dúinnse, agus muid fós óg;
Laghdófar do thionchar gan mhoill.

Go dté tú slán, is go n-éirí leat
Leis an chéad fhear eile a fhanfaidh leat;
Beidh an t-ádh dearg leis, agus tú a aimsiú,
Má tá sé in ann déileáil leat.

Déanaim sár-iarracht leanúint ar aghaidh,
Is tá súil agam go mbeidh mé in ann gan stró
Ach ní dhéanfaidh mé dearmad choíche ar ár gcuid gáire;
Laethanta a d'imigh uainn fadó.

Mullach Íde, 4 Feabhra 2008

Annesley Bridge

The December Sun shone through
Warm, despite the condensation on the windows
Looking like ice.

I felt its soft, innocent kiss on my cheek
And looked up to notice
Not one other man on this bus
Had looked up from his digital gaze
To say hello to the morn.

But I, unwittingly touched by Sol's good grace,
Looked up and smiled
Like a child blessed by God
And gave thanks for the day.

In Memoriam

I approach the Belfast Cenotaph
Poppy-less, head hung

Amongst a sea of red,
A wreath of green floats
"In Remembrance
From the Government of Ireland"
A note from my now-foreign state.

Belfast, 11 November, 2014

Buachaill Bán Solais

Dhíol mé m'anam
Ní fios cé a cheannaigh é
Níl ach rian fágtha
Den té a bhí ionam, tráth

Cheap mé, agus mise óg
Go mbeinn difiriúil uathu go deo
Nach rómánsúil an smaoineamh
Go rabhas chomh bán le haingeal, fadó

Ní hé sin an scéal a thuilleadh;
Táim i ngan fhios cé atá ionam anois
B'fhéidir, lá éigin, go mbeinn in ann filleadh
Ar ais go dtí an Buachaill Bán Solais

A bhí ionam roimh an bpian
Roimh an dráma, 's roimh an bhfíon;
Sula raibh aon fhadhbanna ann;
Na cinn atá fós im' cheann.

Sílim go bhfuil lasrach beag ann go fóill;
Cionnle beag i gcroílár mo chroí
B'fhéidir gur píosa dóchais é sin
Go mb'fhéidir go bhfuil anam fós agam istigh

Tá gach píosa dem' fhuinneamh imithe
Agus ní féidir mé féin a aimsiú níos mó
Ach beidh mé ar ais chugam féin
Agus fanfaidh an Buachaill Bán Solais ionam go deo.

1 Meitheamh 2007

Boy of Light

I sold my soul
Who knows to whom
Only fragments remain
Of the person I was, once

I thought, when I was young
that I'd always be different from them
What a romantic idea
That I was as white as an angel, long ago

That is no longer the case;
I don't know who I am anymore
Maybe, one day, I'll be able to return
To being the White Boy of Light

That I was before the pain
Before the drama, and before the drink;
Before there were any problems;
The ones that are still in my mind.

I suppose there is still a little flame there;
A little candle in my heart of hearts
Maybe that's a bit of hope
that I still have a soul inside

Every bit of my energy is gone
And I can't find myself anymore
But I will be back to myself
And the White Boy of Light will stay with me forever.

1 June 2007

Aftermath

Who knew, after all this time,
That we'd still be feeling like this

In a waiting room, you tell me that it'll
All be alright, and you let your head
Rest against mine, just like when
We used to fall asleep in bed…

Earlier, you wrapped your arms
Around me tightly, and told me
That I had nothing to worry about
And that it was probably nothing.

Was it my fear for my health
That made you open up to me –
Something you stopped doing years ago –
Or did you see what I still feel?

We say we've moved on, yet
We cannot talk for long about
Our new love interests;
We act like we're cheating on each other

It shows that we still care,

And that's something I cherish,
And forever will
Because you were my first love

Sometimes I think that you'll never leave my heart.

Dublin, 24 April 2008

An Seomra Dorcha

Dúnaim an doras, ionas
nach mbeadh éinne in ann
cuir isteach orm.

Ciúneas iomlán, seachas cogar
nó dhó ón ndomhan lasmuigh
dem' cheann dubh féin.

Casaim an eochar, ionas
nach mbeadh duine ar bith
in ann an doras a oscailt

agus mé a scaoileadh amach
as mo dhorchas dubh féin
cé go mbeadh sé do mo mhaitheas.

Cé nach mbeadh a fhios agam, fós.

The Darkroom

I close the door, so that
no-one will
annoy me.

Total silence, apart from a whisper
or two from outside
my own dark world.

I turn the key, so that
no-one will
be able to open the door

And release me
from my own deep darkness,
even if it'd be for my own good.

Even if I don't know it, yet.

Agus Mé i mBaile a'Bhóthair

Eitlíonn boladh na mara tríd an aeir
Agus mé i mBaile a'Bhóthair
A chuireann m'óige i gcuimhne orm;
An t-am a bhí ina chóisir

Na báid ar a' bhfarraige, faoi lán seoil;
An Ghrian ag taitneamh go haoibhinn,
Cuireann sé ár gcéad Samhradh i gcuimhne orm
Nuair a bhí laethanta áille againn.

Bhí tráth ann, nuair a bhí 'chuile rud foirfe
Ach athraíodh é sin go léir;
Níl mo chuid dóchais chomh geal anois
Leis na réalta a bhí ann aréir.

Anois, agus mé ag fill' abhaile
Agus an Ghrian ag dul ina luí
Braithim mé féin ag éirí fuar;
Cineál uaignis, ar shlí.

Manchain Faoi Bhláth

Ní stráinséirí sinn
Don ollchathair seo
A mheascann ársa le h-úrnua;
Mar a dhéanann m'anam féin lastigh.
Idir fhoirgnimh mhóra
Is sráideanna cúnga
A d'éirigh linn gáirdín dhathúil
Ar nós bogha báistí
A chur faoi bhláth.
Bhí, le fada, agus beidh go deo,
Go leor seamróg i measc na rós,
Fásta go flúirseach is láidir;
Taispeántas ealaíne síochánta.

Manchester in Bloom

We are no strangers
To this fine metropolis
That mixes past with present;
A habit in common with my soul.
Between giant buildings
And narrow streets
We managed to make a colourful garden
Like a rainbow bright
That quickly came into bloom.
For a long time now, and to come,
The shamrock and rose mix together,
Grown in abundance and healthy;
A peaceful work of art.

Waiting

I spend my last two Pounds
On a coffee (which you'd hate)
While you lie on the operating table.
Upstairs, the nurse,
With soft Ulster tones,
Enquired who I was
To you.
Replying, with well-tested pride
That I was your partner
She smiled,
And assured, that
Free from visiting time rules
Or Virgin Mary's glares
I'd see you in time for the Sunset.
And now I wait, caffeinated
With empty pockets,
But a soothed heart.

Nottingham, 5 May 2016